Nom:	Positionner:
Adresse:	
Mobile:	
Téléphone:	
E-mail:	
Fax:	

Remarques:

_____

_____

_____

_____

_____

_____

_____

_____

LIVRE COMPTABLE

PAGE.No.

Nom et numéro de compte :

Année : _____   Mois : _____

No.	Date	La description	Compte	Référence	Débit	—	Crédit	+	Le total

LIVRE COMPTABLE

Nom et numéro de compte :

Année : _____   **Mois :** _____

No.	Date	La description	Compte	Référence	Débit	−	Crédit	+	Le total

LIVRE COMPTABLE

PAGE.No.

Nom et numéro de compte :

Année : _____   **Mois :** _____

No.	Date	La description	Compte	Référence	Débit	—	Crédit	+	Le total

LIVRE COMPTABLE

Nom et numéro de compte :

Année : _____   Mois : _____

No.	Date	La description	Compte	Référence	Débit	−	Crédit	+	Le total

LIVRE COMPTABLE

Nom et numéro de compte :

Année : _____   **Mois :** _____

No.	Date	La description	Compte	Référence	Débit	—	Crédit	+	Le total

LIVRE COMPTABLE

Nom et numéro de compte :

Année : _____   Mois : _____

No.	Date	La description	Compte	Référence	Débit	—	Crédit	+	Le total

LIVRE COMPTABLE

PAGE.No.

Nom et numéro de compte :

Année : _____   **Mois :** _____

No.	Date	La description	Compte	Référence	Débit	—	Crédit	+	Le total

LIVRE COMPTABLE

PAGE.No.

Nom et numéro de compte :

Année : _____   Mois : _____

No.	Date	La description	Compte	Référence	Débit	−	Crédit	+	Le total

LIVRE COMPTABLE

Nom et numéro de compte :

Année : _____   Mois : _____

No.	Date	La description	Compte	Référence	Débit	−	Crédit	+	Le total

LIVRE COMPTABLE

Nom et numéro de compte :

Année : _____ **Mois :** _____

No.	Date	La description	Compte	Référence	Débit	—	Crédit	+	Le total

LIVRE COMPTABLE

Nom et numéro de compte :

Année : _____   **Mois : _____**

No.	Date	La description	Compte	Référence	Débit	—	Crédit	+	Le total

LIVRE COMPTABLE

PAGE.No.

Nom et numéro de compte :

Année : _____   Mois : _____

No.	Date	La description	Compte	Référence	Débit	−	Crédit	+	Le total

LIVRE COMPTABLE

PAGE.No.

Nom et numéro de compte :

Année : _____   **Mois :** _____

No.	Date	La description	Compte	Référence	Débit	—	Crédit	+	Le total

LIVRE COMPTABLE

PAGE.No.

Nom et numéro de compte :

Année : _____ Mois : _____

No.	Date	La description	Compte	Référence	Débit	—	Crédit	+	Le total

LIVRE COMPTABLE

PAGE.No.

Nom et numéro de compte :

Année : _____   Mois : _____

No.	Date	La description	Compte	Référence	Débit	—	Crédit	+	Le total

LIVRE COMPTABLE

PAGE.No.

Nom et numéro de compte :

Année : _____   **Mois :** _____

No.	Date	La description	Compte	Référence	Débit	−	Crédit	+	Le total

LIVRE COMPTABLE

Nom et numéro de compte :

Année : _____   Mois : _____

No.	Date	La description	Compte	Référence	Débit	—	Crédit	+	Le total

LIVRE COMPTABLE

PAGE.No.

Nom et numéro de compte :

Année : _____   **Mois :** _____

No.	Date	La description	Compte	Référence	Débit	−	Crédit	+	Le total

LIVRE COMPTABLE

PAGE.No.

Nom et numéro de compte :

Année : _____   Mois : _____

No.	Date	La description	Compte	Référence	Débit	—	Crédit	+	Le total

LIVRE COMPTABLE

PAGE.No.

Nom et numéro de compte :

Année : _____   Mois : _____

No.	Date	La description	Compte	Référence	Débit	−	Crédit	+	Le total

LIVRE COMPTABLE

PAGE.No.

Nom et numéro de compte :

Année : _____   **Mois :** _____

No.	Date	La description	Compte	Référence	Débit	—	Crédit	+	Le total

LIVRE COMPTABLE

PAGE.No.

Nom et numéro de compte :

Année : _____   **Mois :** _____

No.	Date	La description	Compte	Référence	Débit	−	Crédit	+	Le total

LIVRE COMPTABLE

Nom et numéro de compte :

Année : _____   Mois : _____

No.	Date	La description	Compte	Référence	Débit	—	Crédit	+	Le total

LIVRE COMPTABLE

PAGE.No.

Nom et numéro de compte :

Année : _____ Mois : _____

No.	Date	La description	Compte	Référence	Débit	—	Crédit	+	Le total

LIVRE COMPTABLE

Nom et numéro de compte :

Année : ____   **Mois :** ____

No.	Date	La description	Compte	Référence	Débit	—	Crédit	+	Le total

LIVRE COMPTABLE

PAGE.No.

Nom et numéro de compte :

Année : _____   **Mois :** _____

No.	Date	La description	Compte	Référence	Débit	—	Crédit	+	Le total

LIVRE COMPTABLE

Nom et numéro de compte :

Année : _____   **Mois :** _____

No.	Date	La description	Compte	Référence	Débit	—	Crédit	+	Le total

LIVRE COMPTABLE

PAGE.No.

Nom et numéro de compte :

Année : _____   Mois : _____

No.	Date	La description	Compte	Référence	Débit	—	Crédit	+	Le total

LIVRE COMPTABLE

PAGE.No.

Nom et numéro de compte :

Année : _____

Mois : _____

No.	Date	La description	Compte	Référence	Débit	—	Crédit	+	Le total

LIVRE COMPTABLE

PAGE.No.

Nom et numéro de compte :

Année : _____   **Mois :** _____

No.	Date	La description	Compte	Référence	Débit	−	Crédit	+	Le total

LIVRE COMPTABLE

Nom et numéro de compte :

Année : _____   **Mois :** _____

No.	Date	La description	Compte	Référence	Débit	—	Crédit	+	Le total

LIVRE COMPTABLE

Nom et numéro de compte :

Année : _____   Mois : _____

No.	Date	La description	Compte	Référence	Débit	−	Crédit	+	Le total

LIVRE COMPTABLE

PAGE.No.

Nom et numéro de compte :

Année : _____ **Mois :** _____

No.	Date	La description	Compte	Référence	Débit	—	Crédit	+	Le total

LIVRE COMPTABLE

Nom et numéro de compte :

Année : _____ **Mois :** _____

No.	Date	La description	Compte	Référence	Débit	—	Crédit	+	Le total

LIVRE COMPTABLE

Nom et numéro de compte :

Année : _____   **Mois :** _____

No.	Date	La description	Compte	Référence	Débit	—	Crédit	+	Le total

LIVRE COMPTABLE

PAGE.No.

Nom et numéro de compte :

Année : _____   **Mois :** _____

No.	Date	La description	Compte	Référence	Débit	−	Crédit	+	Le total

LIVRE COMPTABLE

PAGE.No.

Nom et numéro de compte :

Année : _____   Mois : _____

No.	Date	La description	Compte	Référence	Débit	—	Crédit	+	Le total

LIVRE COMPTABLE

Nom et numéro de compte :

Année : _____   Mois : _____

No.	Date	La description	Compte	Référence	Débit	—	Crédit	+	Le total

LIVRE COMPTABLE

Nom et numéro de compte :

Année : _____   **Mois :** _____

No.	Date	La description	Compte	Référence	Débit	—	Crédit	+	Le total

LIVRE COMPTABLE

PAGE.No.

Nom et numéro de compte :

Année : _____   Mois : _____

No.	Date	La description	Compte	Référence	Débit	−	Crédit	+	Le total

LIVRE COMPTABLE

PAGE.No.

Nom et numéro de compte :

Année : _____ **Mois :** _____

No.	Date	La description	Compte	Référence	Débit	—	Crédit	+	Le total

LIVRE COMPTABLE

PAGE.No.

Nom et numéro de compte :

Année : _____   **Mois :** _____

No.	Date	La description	Compte	Référence	Débit	—	Crédit	+	Le total

LIVRE COMPTABLE

PAGE.No.

Nom et numéro de compte :

Année : _____   **Mois :** _____

No.	Date	La description	Compte	Référence	Débit	—	Crédit	+	Le total

LIVRE COMPTABLE

PAGE.No.

Nom et numéro de compte :

Année : _____   Mois : _____

No.	Date	La description	Compte	Référence	Débit	—	Crédit	+	Le total

LIVRE COMPTABLE

Nom et numéro de compte :

Année : _____　　　　　　　　　　　　**Mois : _____**

No.	Date	La description	Compte	Référence	Débit	—	Crédit	+	Le total

LIVRE COMPTABLE

PAGE.No.

Nom et numéro de compte :

Année : _____   Mois : _____

No.	Date	La description	Compte	Référence	Débit	—	Crédit	+	Le total

LIVRE COMPTABLE

PAGE.No.

Nom et numéro de compte :

Année : _____   Mois : _____

No.	Date	La description	Compte	Référence	Débit	—	Crédit	+	Le total

LIVRE COMPTABLE

Nom et numéro de compte :

Année : _____   **Mois :** _____

No.	Date	La description	Compte	Référence	Débit	—	Crédit	+	Le total

LIVRE COMPTABLE

Nom et numéro de compte :

Année : _____   Mois : _____

No.	Date	La description	Compte	Référence	Débit	—	Crédit	+	Le total

LIVRE COMPTABLE

PAGE.No.

Nom et numéro de compte :

Année : _____   Mois : _____

No.	Date	La description	Compte	Référence	Débit	−	Crédit	+	Le total

LIVRE COMPTABLE

PAGE.No.

Nom et numéro de compte :

Année : _____

Mois : _____

No.	Date	La description	Compte	Référence	Débit	—	Crédit	+	Le total

LIVRE COMPTABLE

PAGE.No.

Nom et numéro de compte :

Année : _____   **Mois :** _____

No.	Date	La description	Compte	Référence	Débit	—	Crédit	+	Le total

LIVRE COMPTABLE

PAGE.No.

Nom et numéro de compte :

Année : _____   **Mois :** _____

No.	Date	La description	Compte	Référence	Débit	—	Crédit	+	Le total

LIVRE COMPTABLE

PAGE.No.

Nom et numéro de compte :

Année : _____   Mois : _____

No.	Date	La description	Compte	Référence	Débit	—	Crédit	+	Le total

LIVRE COMPTABLE

Nom et numéro de compte :

Année : _____ **Mois :** _____

No.	Date	La description	Compte	Référence	Débit	−	Crédit	+	Le total

LIVRE COMPTABLE

Nom et numéro de compte :

Année : _____   **Mois :** _____

No.	Date	La description	Compte	Référence	Débit	−	Crédit	+	Le total

LIVRE COMPTABLE

Nom et numéro de compte :

Année : _____   **Mois :** _____

No.	Date	La description	Compte	Référence	Débit	—	Crédit	+	Le total

LIVRE COMPTABLE

Nom et numéro de compte :

Année : _____ **Mois :** _____

No.	Date	La description	Compte	Référence	Débit	−	Crédit	+	Le total

LIVRE COMPTABLE

PAGE.No.

Nom et numéro de compte :

Année : _____   Mois : _____

No.	Date	La description	Compte	Référence	Débit	−	Crédit	+	Le total

LIVRE COMPTABLE

Nom et numéro de compte :

Année : _____   **Mois :** _____

No.	Date	La description	Compte	Référence	Débit	−	Crédit	+	Le total

LIVRE COMPTABLE

Nom et numéro de compte :

Année : _____   **Mois :** _____

No.	Date	La description	Compte	Référence	Débit	—	Crédit	+	Le total

LIVRE COMPTABLE

PAGE.No.

Nom et numéro de compte :

Année : _____   **Mois :** _____

No.	Date	La description	Compte	Référence	Débit	—	Crédit	+	Le total

LIVRE COMPTABLE

PAGE.No.

Nom et numéro de compte :

Année : _____   Mois : _____

No.	Date	La description	Compte	Référence	Débit	−	Crédit	+	Le total

LIVRE COMPTABLE

PAGE.No.

Nom et numéro de compte :

Année : _____   Mois : _____

No.	Date	La description	Compte	Référence	Débit	—	Crédit	+	Le total

LIVRE COMPTABLE

Nom et numéro de compte :

Année : _____   **Mois :** _____

No.	Date	La description	Compte	Référence	Débit	—	Crédit	+	Le total

LIVRE COMPTABLE

Nom et numéro de compte :

Année : _____   Mois : _____

No.	Date	La description	Compte	Référence	Débit	—	Crédit	+	Le total

LIVRE COMPTABLE

PAGE.No.

Nom et numéro de compte :

Année : _____   **Mois :** _____

No.	Date	La description	Compte	Référence	Débit	—	Crédit	+	Le total

LIVRE COMPTABLE

PAGE.No.

Nom et numéro de compte :

Année : _____ **Mois :** _____

No.	Date	La description	Compte	Référence	Débit	—	Crédit	+	Le total

LIVRE COMPTABLE

PAGE.No.

Nom et numéro de compte :

Année : _____

Mois : _____

No.	Date	La description	Compte	Référence	Débit	—	Crédit	+	Le total

LIVRE COMPTABLE

PAGE.No.

Nom et numéro de compte :

Année : _____ **Mois :** _____

No.	Date	La description	Compte	Référence	Débit	—	Crédit	+	Le total

LIVRE COMPTABLE

Nom et numéro de compte :

Année : _____ **Mois :** _____

No.	Date	La description	Compte	Référence	Débit	—	Crédit	+	Le total

LIVRE COMPTABLE

PAGE.No.

Nom et numéro de compte :

Année : _____   Mois : _____

No.	Date	La description	Compte	Référence	Débit	—	Crédit	+	Le total

LIVRE COMPTABLE

PAGE.No.

Nom et numéro de compte :

Année : _____   Mois : _____

No.	Date	La description	Compte	Référence	Débit	—	Crédit	+	Le total

LIVRE COMPTABLE

Nom et numéro de compte :

Année : _____   Mois : _____

No.	Date	La description	Compte	Référence	Débit	—	Crédit	+	Le total

LIVRE COMPTABLE

PAGE.No.

Nom et numéro de compte :

Année : _____   Mois : _____

No.	Date	La description	Compte	Référence	Débit	—	Crédit	+	Le total

LIVRE COMPTABLE

PAGE.No.

Nom et numéro de compte :

Année : _____

Mois : _____

No.	Date	La description	Compte	Référence	Débit	—	Crédit	+	Le total

LIVRE COMPTABLE

PAGE.No.

Nom et numéro de compte :

Année : _____   **Mois :** _____

No.	Date	La description	Compte	Référence	Débit	−	Crédit	+	Le total

LIVRE COMPTABLE

Nom et numéro de compte :

Année : _____ **Mois :** _____

No.	Date	La description	Compte	Référence	Débit	−	Crédit	+	Le total

LIVRE COMPTABLE

Nom et numéro de compte :

Année : _____   **Mois :** _____

No.	Date	La description	Compte	Référence	Débit	—	Crédit	+	Le total

LIVRE COMPTABLE

PAGE.No.

Nom et numéro de compte :

Année : _____   Mois : _____

No.	Date	La description	Compte	Référence	Débit	−	Crédit	+	Le total

LIVRE COMPTABLE

PAGE.No.

Nom et numéro de compte :

Année : _____   Mois : _____

No.	Date	La description	Compte	Référence	Débit	—	Crédit	+	Le total

LIVRE COMPTABLE

PAGE.No.

Nom et numéro de compte :

Année : _____   **Mois :** _____

No.	Date	La description	Compte	Référence	Débit	—	Crédit	+	Le total

LIVRE COMPTABLE

PAGE.No.

Nom et numéro de compte :

Année : _____   Mois : _____

No.	Date	La description	Compte	Référence	Débit	−	Crédit	+	Le total

LIVRE COMPTABLE

Nom et numéro de compte :

Année : _____   Mois : _____

No.	Date	La description	Compte	Référence	Débit	—	Crédit	+	Le total

LIVRE COMPTABLE

Nom et numéro de compte :

Année : _____   Mois : _____

No.	Date	La description	Compte	Référence	Débit	—	Crédit	+	Le total

LIVRE COMPTABLE

PAGE.No.

Nom et numéro de compte :

Année : _____ **Mois :** _____

No.	Date	La description	Compte	Référence	Débit	—	Crédit	+	Le total

LIVRE COMPTABLE

Nom et numéro de compte :

Année : _____   **Mois :** _____

No.	Date	La description	Compte	Référence	Débit	−	Crédit	+	Le total

LIVRE COMPTABLE

PAGE.No.

Nom et numéro de compte :

Année : _____   Mois : _____

No.	Date	La description	Compte	Référence	Débit	—	Crédit	+	Le total

LIVRE COMPTABLE

Nom et numéro de compte :

Année : _____   **Mois :** _____

No.	Date	La description	Compte	Référence	Débit	—	Crédit	+	Le total

LIVRE COMPTABLE

PAGE.No.

Nom et numéro de compte :

Année : _____   Mois : _____

No.	Date	La description	Compte	Référence	Débit	—	Crédit	+	Le total

LIVRE COMPTABLE

PAGE.No.

Nom et numéro de compte :

Année : _____   Mois : _____

No.	Date	La description	Compte	Référence	Débit	—	Crédit	+	Le total

LIVRE COMPTABLE

PAGE.No.

Nom et numéro de compte :

Année : _____   Mois : _____

No.	Date	La description	Compte	Référence	Débit	—	Crédit	+	Le total

LIVRE COMPTABLE

PAGE.No.

Nom et numéro de compte :

Année : _____   Mois : _____

No.	Date	La description	Compte	Référence	Débit	—	Crédit	+	Le total

LIVRE COMPTABLE

PAGE.No.

Nom et numéro de compte :

Année : _____   **Mois :** _____

No.	Date	La description	Compte	Référence	Débit	—	Crédit	+	Le total